T0194937

si vive

una

volta

sola

kendra leonard

traduzione di
silvia macolino

BALBOA.PRESS
A DIVISION OF HAY HOUSE

Puede hacer pedidos de libros de Balboa Press en
librerías o poniéndose en contacto con:

Balboa Press
Una División de Hay House
1663 Liberty Drive
Bloomington, IN 47403
www.balboapress.com
844-682-1282

Información sobre impresión disponible en la última página.

ISBN: 978-1-9822-7902-8 (tapa blanda)
ISBN: 978-1-9822-7903-5 (libro electrónico)

Fecha de revisión de Balboa Press: 01/14/2022

per

mia figlia

la mia famiglia

i miei amici

il mio compagno

i miei colleghi

i miei clienti

me stessa

Indice

all'inizio

dico sempre alla gente che ho vissuto al contrario…

quando avevo vent'anni, scoprii di essere incinta. due settimane
dopo venni a sapere che avrei avuto dei gemelli. due settimane dopo
ancora, ne persi uno. rimasi con un cordone ombelicale a due vasi
anziché a tre. i dottori mi dissero che il mio feto avrebbe avuto il 30%
di probabilità in più di avere delle anomalie cromosomiche. a causa di
queste complicanze e per essere venuta meno alle regole stabilite da
mio padre, terminai il mio secondo anno all'università statale del north
carolina e interruppi temporaneamente la mia educazione superiore.

adoravo essere incinta. ovviamente perché non avevo mai avuto nausee
o gonfiori, a parte quei 18 chili, però ben distribuiti, in aggiunta ai miei
45 che pesavo prima di essere incinta. mi sentivo alla grande, tutti mi
dicevano che ero radiosa, mangiavo meglio e mi piaceva mostrare la
mia pancia che aumentava. non nuda ovviamente, nessuno dovrebbe,
a nessuna età, ma attraverso i vestiti. ho sempre usato l'abbigliamento
come mezzo per esprimere il mio sentire ed era bello avere questo
nuovo corpo da vestire. anche se devo ammettere di aver dovuto dire
addio ai vestiti attillati dopo la gravidanza. mai più…

dopo aver fatto gli ultrasuoni a settimane alterne dal settimo mese e dopo 26 ore di travaglio, che è culminato in un parto cesareo, mia figlia, kayla, è nata serena e completamente sana. tanto lei era sana, quanto poco lo era la mia relazione con suo padre. fu così che nel suo primo anno di vita realizzai di dover mettere alla prova me e non lei. ero stata con il padre di mia figlia per sette anni, dai 14 ai 21 anni. conoscete la storia della brava ragazza con la sindrome del ragazzaccio. sono passata dall'iniziare un percorso di studi medici a un'esperienza di vita prematura. una relazione volubile, estenuante dal punto di vista fisico e mentale, ma che in fin dei conti ha dato alla luce una bambina bellissima, che è la cosa migliore che mi sia mai capitata.

essere una madre single è stato impegnativo, ma non avrei desiderato esserlo in altri modi. kayla era in pace col mondo. da piccola non piangeva mai. quando aveva il minimo vagito, sapevo che era perché aveva fame, o era bagnata o non comoda o voleva semplicemente delle cure amorevoli. penso che sarei incazzata anch'io se mi cagassi nei pantaloni... e proprio quando pensai che non avevo più voglia di cambiare pannolini, lei stava già imparando a usare il vasino. e, guarda un po', questo è stato il mio momento peggiore come madre.

quando kayla era alle prese col vasino, io facevo il supervisore di magazzino da banana republic. mi svegliavo alle 4.30 per portarla al nido, poi andavo a lavorare alle 5.30. finire alle 14.30 era meraviglioso e tutti mi dicevano sempre: «beh, almeno puoi andare a casa e fare un riposino». he he. chiaramente non avevano un poppante. non c'erano mai pisolini per me. ero continuamente esausta. appena mi sedevo a giocare con lei, mi addormentavo. infatti dovevamo sempre andare al parco, nei musei, a fare camminate nel bosco, ecc. una sera, dopo essermi svegliata all'alba e aver lavorato e giocato tutto il giorno, iniziammo la nostra routine pre-nanna. che consisteva in bagnetto, spazzolare denti in miniatura, storiella, canzoncina e preghiere seguite dal bacio della buonanotte.

insomma, dopo aver fatto tutto, kayla mi disse che doveva andare al bagno. se non lo sapete, quando vostro figlio, che sta imparando a usare il vasino, vi dice che deve fare la cacca voi lo accompagnate.

beh, non venne fuori niente. stette seduta ad aspettare e nulla uscì. ritornammo a letto, e dopo altri baci e abbracci mi disse che doveva tornarci. perciò corremmo al bagno e nulla. tirai lo sciacquone, nulla. alla fine andammo nella sua cameretta e le diedi ancora la buonanotte. erano le 21 e va da sé che ero esausta. andammo nuovamente al bagno. a questo punto dissi a kayla di sedersi, di provare ancora e di chiamarmi quando aveva fatto. le sfilai la felpa e i pantaloni e li portai con me e andai a stendermi. pessima idea…

mi svegliai con il suono di una risata. la risata era della mia migliore amica che viveva con me all'epoca. lei e il suo ragazzo erano appena rincasati. mi agitò le mani davanti e mi disse di andare a letto e che mi avrebbe spiegato la situazione la mattina seguente. realizzai solo allora di avere ancora in mano i vestiti di kayla. perciò mi raccontò tutto…

lei e il suo ragazzo aprirono la porta di casa e videro kayla in salotto. indossava la maglia del pigiama, niente pantaloni, era coperta a metà e con indosso un solo calzino alto fino al ginocchio. aveva l'altro calzino in mano e appena loro varcarono la soglia urlò: «la mamma sta dormendo! la mamma sta dormendo!», e nel mentre roteava il calzino. felice di avere trasmesso il gene della danza a mia figlia – posso solo immaginare lo spettacolo. mia figlia aveva deciso di accendere tutte le luci e di fare una festa danzante mezza nuda. da quella notte iniziai a sedermi con gli occhi iniettati di sangue, aspettando pazientemente nel bagno che kayla finisse, anziché andare a farmi gli affari miei.

quando era una neonata, mi ricordo che tutti mi mettevano in guardia dai terribili due anni. non avevo idea di che cosa significasse. kayla era perfetta. ma poi arrivarono i due e mezzo. mi ricordo che una volta ebbe un crollo. voleva una cosa che non avevo intenzione di darle. sembrava impossessata dal demonio, si lasciò cadere di schiena sul pavimento, scalciando e urlando come uno scarafaggio capovolto. ero allibita. arrivai alla conclusione che il motivo principale per cui i bambini hanno questi crolli emotivi è perché non sono in possesso del vocabolario per esprimere le loro emozioni. quindi, se non lo aveste ancora capito, sono una chiacchierona. e parlare fu ciò che feci con lei. la stessa cosa al parco giochi. gli si dà un limite: «fra 15

minuti andiamo», «ok, altri dieci minuti», «hai ancora cinque minuti».
immaginate di essere prelevati da qualunque cosa state facendo...ha
senso, no?

a ogni modo, io e kayla abbiamo fatto qualsiasi cosa assieme.
andavamo di continuo allo zoo, in spiaggia, abbiamo fatto volontariato,
siamo andate a ballare. era la mia piccola migliore amica. mi piaceva
essere incinta, ma adoravo altrettanto essere madre. partecipavo alla
sua classe, volevo trascorrere ogni momento possibile con lei. quando
stavo con lei, ero solo una mamma. il tempo per kendra era ogni due
weekend quando lei stava da suo padre. era l'unico momento in cui
potevo ballare fino allo sfinimento e stare con i miei amici.

solo noi due + uno

per i suoi primi cinque anni c'eravamo solo io e lei. dal quinto
compleanno si aggiunse un altro membro alla famiglia, il mio fidanzato
miguel. era un mio cliente da banana republic ed è stata l'unica
persona, oltre al padre di kayla, ad avermi lasciato senza parole. veniva
spesso al negozio e la mia lingua cadeva letteralmente a terra. tutti i
miei colleghi mi chiedevano chi fosse, visto che parlo a ruota libera con
tutti ma quando entrava lui diventavo tutta timida e imbarazzata. dopo
essere stata tampinata dai miei colleghi, mi feci coraggio e gli chiesi di
uscire. gli proposi di prendere un caffè e mi rispose con un «beh», e io
gli dissi: «ovviamente avrai una ragazza», e lui rispose ancora con un
«beh». fu allora che realizzai che era sposato. anche se sono fissata
con l'abbigliamento non mi considero fissata con la materia (so che
sembra una contraddizione, ma sono fatta così, sono dei pesci – un
pesce che nuota in direzione opposte). non avevo mai fatto caso alla
fede. ops…

mi sentii una deficiente. mi scusai e lo fermai, iniziando a dire che non
volevo essere una tentazione per lui. da quel giorno in poi quando tornò
incominciai a parlare come un essere normodotato di nuovo. la prima
volta gli dissi «ciao», e lui si sorprese che volessi parlargli lo stesso.

gli risposi: «ovvio, solo che non ti chiederò di uscire». dopo un anno e mezzo mi rivelò che si stava per separare. un sabato, circa quattro anni dopo che ci incontrammo per la prima volta, mi chiamò al negozio. mi disse che non sapeva come mettersi in contatto con me e che mi voleva portare fuori a pranzo. lo misi in attesa solo per poter fare i salti di gioia e urlare come una ragazzetta. tornai al telefono e accettai l'offerta. uscimmo il giorno seguente, parlammo per quattro ore e dopo quattro mesi di frequentazione continua, alla fine del quarto anno di vita di mia figlia andammo a convivere.

ho lavorato da banana republic per diversi anni facendo di tutto, dal commerciale, al management, ai colloqui, assunzioni, tirocini e tutto ciò che concerne i rapporti con i fornitori e i clienti. uno dei miei tanti ruoli è stato quello di leader della comunità del negozio. dovevo escogitare idee creative per fare della beneficenza. decisi che il modo migliore per devolvere denaro ad associazioni non profit fosse organizzare delle sfilate di moda. vendemmo biglietti a dieci dollari, tenemmo un'asta e facemmo sfilare i nostri impiegati come modelli. con il primo spettacolo raggiungemmo 500 dollari. inizialmente raccogliemmo fondi per "habitat for humanity".* finimmo per raccogliere una somma sufficiente per costruire una casa. se mai aveste intenzione di fare un gesto simile, sappiate che ne vale veramente la pena, state solo attenti alle gatte da pelare…

dopodiché decidemmo di aiutare "l'associazione della carolina per la lotta contro l'aids"** per un certo periodo. organizzammo dei gruppi e tenemmo la marcia per l'aids per due anni di fila, continuando a fare le nostre sfilate trimestrali per raccogliere fondi. tutto ebbe inizio quando gap lanciò la sua campagna rossa.*** un altro incastro perfetto. un giorno, dopo la nostra sfilata di beneficenza, mi capitò di rimanere al lavoro

---

* *Habitat for humanity* è un'organizzazione non profit con sede ad Americus (Georgia), che aiuta le persone bisognose a costruire o a rendere migliore un posto che possano chiamare casa. (N.d.T.)

** *alliance of aids services-carolina* è un'associazione che aiuta a migliorare la salute delle comunità colpite da HIV/AIDS. (N.d.T.)

*** la nota azienda di abbigliamento americana lanciò una linea di abbigliamento tutto rosso a sostegno della lotta contro l'aids in africa. (N.d.T.)

fino a tardi (cosa che cerco di non fare mai) e una delle mie colleghe arrivò prima dell'inizio del suo turno. ci eravamo incrociate raramente. mi chiese se sapevo che il proprietario del salone che aveva curato le acconciature e il trucco per le nostre sfilate avesse la leucemia. non ne avevo idea, ma suggerì che avremmo potuto cambiare organizzazioni come già avevamo fatto in passato. beh, quella è stata la notte in cui miguel mi disse che gli era stata diagnosticata la leucemia.

miguel era un salutista. avevamo una palestra in casa, si allenava sei giorni a settimana religiosamente. era il tipo d'uomo che teneva conto di quanto veloce corresse, di quante flessioni facesse, ecc. dopo aver passato tre giorni con vertigini e febbre dopo gli allenamenti, decise di andare al pronto soccorso a farsi un controllo. gli fecero quattro prelievi per le analisi del sangue perché pensavano che la macchina fosse rotta. la dottoressa si fece le analisi del sangue per essere sicura che fosse tutto a posto poiché chiaramente un uomo con 60.000 globuli bianchi nel sangue (normalmente ne abbiamo da 3.000 a 7.000) non starebbe in piedi come se non stesse succedendo qualcosa di devastante. fu allora che gli dissero che con tutta probabilità aveva la leucemia e che si sarebbe dovuto recare al reparto di oncologia il giorno dopo per fare i test necessari.

quello fu anche l'ultimo giorno di corsi per me, dato che ero tornata all'università part time per prendermi la mia laurea. il mio obiettivo era di finire l'università e cominciare a lavorare nel campo farmaceutico. mi venne in mente questa idea grazie ai consigli che vari clienti di banana republic mi avevano dato nel corso degli anni. e tutto sommato sapevo che questa posizione avrebbe fatto al caso mio. con la mia fascinazione per l'anatomia e la fisiologia, accompagnata dalla passione per la psicologia e la vendita, avevo trovato la mia nicchia. quindi finire l'università sarebbe stato il mio biglietto per lasciare banana republic e il mondo del retail. così prima di venire a sapere della notiziona avevo pensato "finalmente, una preoccupazione in meno sul mio piatto". insomma…

ebbene, il giorno dopo avevo già preso un appuntamento con glaxosmithkline. miguel mi suggerì di non cancellarlo, visto che era la ragione per cui ero tornata a scuola, l'incontro che aspettavo da tre anni. ebbi un'intervista informale, e il rappresentante mi disse che avevo una brutta cera, ma sapevo che sarebbe stato poco professionale rispondergli a tono. il colloquio andò bene e mi disse che avrebbe parlato con il responsabile di zona per pianificare una giornata sul campo poiché voleva vedere come me la cavavo. passai da lì al reparto di oncologia con miguel. gli diagnosticarono una leucemia mieloide acuta e gli dissero che avrebbe avuto una settimana di tempo per mollare tutto e il lavoro e iniziare la terapia. considerati il suo stato di salute e la giovane età, i dottori erano ottimisti.

dietro insistenza di miguel tornai al lavoro già il giorno seguente. diceva che sarebbe stato un buon modo per distrarsi e che i soldi ci avrebbero fatto comodo. di solito cammino a 100 km/h con un sorriso gigante stampato sulla faccia, interagendo con i clienti e il mio staff. ero totalmente sconvolta quel giorno. appena qualcuno mi chiedeva se c'era qualcosa che non andava, scoppiavo in lacrime. il primo cliente che mi vide in questo stato tremendo mi confortò dicendomi che sarei stata preparata ad affrontare anche questa battaglia, dato tutto quello che mi era capitato nella vita. fu in quell'istante che mi resi conto che avrei vissuto l'inferno che avevo vissuto con il padre di kayla. epifania.

scusa, che cosa hai detto?!

stavo per varcare un'altra volta la soglia dell'inferno. quando tornammo il lunedì seguente per la biopsia, le cellule di miguel da 60.000 erano arrivate a 120.000. ci dissero di andare a casa subito, fare le valigie e andare all'ospedale in fretta. la sua condizione era più grave di quanto pensassero e doveva cominciare il prima possibile la chemioterapia. da zombie quali eravamo, stavamo per entrare in un altro girone. quando arrivammo passammo per l'accettazione. chiesero a miguel se fossi sua moglie, lui mi prese la mano e rispose che ero la sua fidanzata, la sua compagna di vita. dopo aver fatto l'accettazione gli diedero una camera e iniziò la trafila di punture e punturine. gli inserirono subito un port-a-cath nel petto, per tutto il sangue e i medicinali che dovevano confluire e defluire nel processo.

iniziò la terapia ma questa non sembrava averlo scosso minimamente. continuava a correre i suoi 6 km sul tapis roulant come se niente fosse. la diagnosi finale era leucemia mieloide cronica con crisi blastica. in poche parole ce l'aveva da tempo e siccome non era stata curata aveva iniziato a replicarsi ad alta frequenza. ma i dottori erano comunque ottimisti. con la chemioterapia, le radiazioni ed eventualmente un trapianto di midollo osseo, c'era speranza. dopo cinque settimane di chemio al rex,* poté tornare a casa e prendere una pillola magica chiamata *gleevac*.

durante il suo confinamento in casa io e miguel discutemmo in merito al matrimonio. non ci saremmo mai sposati. il suo matrimonio era durato 14 anni e fu devastante per lui divorziare. solo il pensiero di dover rivivere una tale pena lo terrorizzava. per me non aveva importanza, l'importante era che fossimo assieme, mi interessava solo questo. in ogni caso, data la gravità della situazione, dopo essersi consultato con suo zio che era un medico, mi disse che mi amava e che alla fine mi avrebbe fatto una proposta di matrimonio, aveva solo paura. mi chiese perciò qual era il mio giorno libero. gli dissi martedì. stavamo per andare in comune ma gli confessai che avrei gradito un po' di sano romanticismo, e quindi decidemmo di fare una piccola cerimonia con kayla, mia madre, la sua migliore amica fotografa, i nostri amici, i vicini come testimoni e il nostro pastore.

decidemmo che una volta guarito avremmo tenuto una festa con familiari e amici, ma ora la semplicità era fondamentale. niente anelli, niente vestito da sposa o tight, solo noi, ed è stato perfetto. svoltammo l'angolo fino a un gazebo dietro il nostro quartiere, ma come il pastore aprì bocca vedemmo uno scroscio di acqua scendere fino al laghetto. tornammo a casa in fretta e furia e al nostro arrivo il sole era già rispuntato, gli uccellini cinguettavano e aveva smesso di piovere. finimmo per sposarci nel nostro salotto. è stato dolce e sereno. terminata la cerimonia, kayla mise in scena la sua versione speciale del matrimonio con gli anelli perché non poteva credere che avessimo saltato quella parte. che dolce.

dopo il trattamento con il *gleevac* – che ha l'85% di efficacia per il suo tipo di cancro – durato altre cinque settimane e dopo essersi sottoposto al ciclo di chemioterapia, fu ammesso al duke per il trapianto di midollo. il giorno stesso gli fecero un ciclo pesante di radiazioni oltre alla chemio. mentre aspettavamo il dottore, chiamai al

---

* rex è un centro di radiologia a raleigh, capitale del north carolina, città natale dell'autrice. (N.d.T.)

lavoro per avvisare che avrei fatto tardi poiché volevo parlare con lui prima di andarmene.

mi informarono che avevo un meeting al lavoro e che mi sarei dovuta presentare il prima possibile. questa risposta mi lasciò interdetta. non riuscivo a digerire la mancanza di compassione. nel giorno del trapianto di midollo di mio marito, niente di meno. comunque, il dottore arrivò e mi spiegò tutto, e siccome non potevo presenziare al trattamento andai al lavoro.

appena arrivata al lavoro, fui accompagnata verso l'ufficio e la porta sbatté dietro di me. venni tartassata dal mio capo e dal mio collega a cui venne in mente che era il giorno perfetto per dirmi che se non riuscivo a risolvere i problemi sul posto di lavoro ora, tantomeno ce l'avrei fatta durante il mese intero che mi sarei assentata per il trapianto di miguel, e che quindi sarebbe stato meglio non esserci sin dall'inizio. rimasi spiazzata. non solo ero logorata dal pensiero che mio marito sarebbe potuto morire di cancro, ma ora anche il mio lavoro era a rischio? subito dopo l'incontro chiamai il responsabile di zona e il direttore delle risorse umane e gli spiegai cos'era successo. entrambi mi assicurarono che non avrei dovuto preoccuparmi di nulla e mi dissero di pensare alla salute di mio marito. più facile a dirsi che a farsi. immaginate che stress...

quando tornai all'ospedale dopo il lavoro, miguel stava dormendo. gli era stata somministrata una dose massiccia di chemio e radiazioni e per la prima volta vidi mio marito sotto una luce totalmente diversa. appariva malato, cioè era malato, era debole, è stato tremendo. fino ad allora "i brutti mali fisici" non si erano mai presentati. miguel era sempre stato magro e si rasava la testa. almeno a questo era abituata. vedere il mio uomo prestante trasformarsi in un essere umano inerme è stato difficile da digerire per me. fortunatamente sua sorella e suo fratello mi hanno sempre supportata durante questo periodo buio.

suo fratello era compatibile al 100% in tutte le dodici fasi della tipizzazione, che è fondamentale perché non si manifesti la "malattia del trapianto contro l'ospite". i medici gli avevano dato dei farmaci per promuovere la crescita cellulare a ritmo esponenziale. le cellule crescono nelle ossa e formano il midollo osseo. una volta che questo farmaco fa effetto, le cellule si ammassano così tanto nell'osso che trovano per così dire una via di fuga nel sangue. perciò si è trattato praticamente di una trasfusione. un tempo i trapianti di midollo osseo erano molto dolorosi. si infilava un ago cavo nel fianco del paziente e veniva estratto il midollo. ora non è più così. dopo il trapianto di midollo, gli misero un tubo di alimentazione. lentamente riprese forza e il numero delle cellule iniziò ad aumentare. in cinque settimane miguel sarebbe stato dimesso e noi prendemmo in affitto un appartamento a durham* per stare più vicino all'ospedale.

il tempismo è stato perfetto. il giorno in cui fu dimesso era anche l'ultimo giorno di scuola per kayla. quindi tutti e tre facemmo i bagagli e ci trasferimmo in un appartamento con due camere da letto. kayla è stata molto partecipe nel suo processo di recupero. lo aiutava a prendere le medicine, puliva la sonda del suo tubo di alimentazione, ma soprattutto ha supportato entrambi durante tutto il tempo. dopo cinque settimane i dottori dissero che miguel era forte a sufficienza per tornare a casa. a ottobre riprese ad allenarsi e io e kayla facevamo fatica a stargli dietro. ricominciò anche a uscire e a frequentare gli amici con regolarità. sembrava che la normalità stesse riprendendo il proprio posto.

a metà novembre facemmo un'altra sfilata. ero molto emozionata, raccogliemmo circa 10.000 dollari, la cifra più alta di sempre. lo show si tenne di domenica e quando rincasai miguel stava dormendo. stava ancora dormendo quando trottai dal negozio tutta estasiata per condividere la notizia. appena aprii bocca per parlargli mi fermò e iniziò a parlare lui. mi disse che il dottore aveva chiamato, che il cancro era tornato, che era mutato due volte e che una delle mutazioni era incurabile. in un attimo i miei sentimenti positivi erano svaniti. passare da un tale eccitamento a un baratro così devastante mi atterrò.

---

* città del north carolina.

il cancro fa schifo

accadde tutto dopo il suo trentanovesimo compleanno e sconvolse le nostre vacanze. facevamo fatica a essere felici. eravamo diretti verso il caos, e a natale non mise nemmeno piede fuori dal letto. gestire le vacanze con mia figlia di otto anni stando vicino al letto di mio marito malato è stato difficile. all'indomani della notizia kayla andò da suo padre e noi andammo in ospedale. mi accompagnarono in un'altra stanza e mi dissero che miguel non avrebbe passato l'inverno. non potevo credere alle mie orecchie. ero scioccata. un giorno miguel stava bene, aveva ripreso persino gli allenamenti, e poi basta un giorno no e tutto torna come prima. si sottopose ad altri esami. quella notte miguel mi chiese che cosa mi avevano detto. «quello che hanno detto a te», gli risposi. mi pregò di dirgli tutto nello specifico. pensando di dovergli dare un'informazione già conosciuta, gli risposi senza riflettere e glielo dissi. ma capii istantaneamente che i dottori non gli avevano affatto detto quello che avevano riferito a me.

se solo avessi saputo che stavo dando questa notizia per la prima volta, l'avrei condivisa diversamente. non potevo crederci che ci avessero detto due cose diverse. miguel andò su tutte le furie. era come se lo avessi privato di quella poca speranza che gli rimaneva. ero amareggiata. quattro giorni dopo venne dimesso. quando lasciammo l'ospedale andammo diretti all'obitorio per prendere gli ultimi accordi. di nuovo, periodo zombie ancora. pianificare il proprio funerale era qualcosa che non avremmo mai pensato di fare. passammo da lì allo studio dell'avvocato per abbozzare il suo testamento. pareva che i minuti fossero ore, ma era tutto sfocato e confuso. arrivò l'anno nuovo. mentre tutti lo stavano celebrando, noi ci chiedevamo se quello sarebbe stato il suo ultimo anno.

ma miguel era un lottatore. «cosa posso fare ancora? tentiamo le cure sperimentali.», suggerì. e così facemmo. venne ammesso a una cura sperimentale all'md anderson[*] a houston, texas. alla fine di gennaio attraversammo il texas per iniziare il nuovo trattamento. era il primo paziente a testare questa nuova cura, elettrizzante ma spaventoso allo stesso tempo. gli amici di famiglia che lo hanno ospitato durante il periodo del trattamento sono stati molto benevoli. dietro sua richiesta io continuai a lavorare e a occuparmi di kayla a raleigh. mi disse che prima o poi avrebbe avuto bisogno di me, ma che per ora se la cavava da solo. mi consigliò anche di vederlo come un lungo viaggio di lavoro. perché se non l'avesse superato, allora sarebbe finita. fortunatamente skype aiutò a gestire meglio questo periodo di separazione forzata.

volai a destra e a manca e prima di arrivare da lui mi disse che era troppo stanco per stare su skype. mi avvisò il giorno prima che sembrava e si muoveva come un novantenne. ma il suo avvertimento non mi preparò affatto a quello che vidi. non solo era claudicante e nove chili in meno, ma era anche grigio. camminava a malapena. pensai che fosse già morto dentro. dopo il mio arrivo a houston, si contorceva dal dolore in macchina lungo la strada per andare a trovare suo fratello a dallas. il dolore continuò per tutta la notte e alle 6.30 mi disse di riportarlo all'ospedale. gli venne data talmente tanta morfina che aveva allucinazioni continue. i medici gli consigliarono un'infermiera personale 24 su 24, ma miguel rifiutò.

---

[*] importante centro oncologico in texas. (N.d.T.)

mi obbligò a riprendere l'aereo e a tornare a casa. quella settimana compivo trent'anni. al lavoro nessuno lo sapeva e così nessuno mi fece gli auguri. quel giorno il mio capo se la prese con me e la mia autocommiserazione salì alle stelle. prima che uscissi dall'ufficio, si rese conto che era il mio compleanno e si scusò, almeno quello. dopo il lavoro cenai con mia madre e mia figlia. la mia insalata era già lì ad aspettarmi. al mio quinto morso, il mio antipasto era già stato servito. persi il senno. so che sembra stupido, ma io e miguel eravamo soliti intrattenerci con delle lunghe cene e il fatto che il mio antipasto mi fosse stato servito prima di finire l'insalata fu il punto di non ritorno. sono sempre le cose più piccole a fare la differenza. corsi in bagno e scoppiai in lacrime. quando mi ricomposi, uscii e dissi a mia madre e a kayla di godersi la cena, ma avevo bisogno di stare da sola. guidai fino a casa con gli occhi iniettati di sangue. ero emotivamente sfinita.

la settimana seguente miguel fu sottoposto a un'altra cura sperimentale. sembrava migliorare. riprese il suo normale colorito e anche l'appetito. riacquistò anche 22 chili. continuò il percorso e il livello di globuli bianchi scese, speravamo che questa fosse finalmente la strada giusta. mi disse che era in pace con la vita. questo faceva la differenza. la sua salute pareva migliorare di mese in mese. ma purtroppo in maggio, la situazione peggiorò e iniziò un'altra cura. non ce la faceva più e voleva tornare a casa. ero contenta. tutto questo tempo a discutere del fatto che non potesse stare a casa a imbottirsi di pillole. e così andai a prenderlo e guidai per tutto il paese. venne l'estate e poi finì. stava peggiorando e iniziò a ritirarsi dal mondo giorno dopo giorno.

mi ricordo che un giorno stava facendo un pudding di riso, un gesto quotidiano per lui prima di tutto questo. aveva la fronte madida di sudore e faceva fatica a mescolare. gli offrii il mio aiuto e si arrabbiò, dicendomi che se non riusciva nemmeno a fare una cosa così semplice, come avrebbe fatto a fare tutto il resto? provò anche a radersi la testa, altro gesto normale e quotidiano per lui, ma a metà dell'opera si sentì esausto. era l'ultima volta che si sarebbe rasato. una mezzanotte, verso la fine di settembre, ebbe una crisi di dolore. facemmo velocemente le valigie e ci dirigemmo all'ospedale.

ed eccoci di nuovo qui. non era una di quelle sensazioni di familiarità piacevoli. era da molto tempo che non mettevamo piede all'ospedale. ci voleva anche un'eternità per fare l'accettazione. alla fine un signore dell'accettazione notò il dolore e la frustrazione di miguel e lo caricò su una carrozzina per portarlo al 9200, un padiglione nell'ospedale dell'università duke che speravamo davvero di non dover vedere mai più. strano a dirsi, ma l'unica cosa che rendeva semiaccettabile quel posto era la gente. il personale durante tutta l'emergenza è stato delizioso. dal rex, al duke all'md anderson, tutte le persone che si sono prese cura di lui sono state dei veri angeli. e alla fine il personale del duke ha pensato che la soluzione migliore fosse un'infermiera personale. gli ci volle una settimana per rendere il dolore sopportabile, ma non era vita. venne dimesso il martedì.

l'infermiera arrivò il venerdì pomeriggio a spiegarci tutto. miguel mi disse che era per lo più convinto, ma che voleva il weekend per decidere. sabato si svegliò, guardò le sue 42 pillole ed esclamò convinto: «non voglio più farlo». la domenica si svegliò e mi fece: «merda, avrei dovuto prenderne qualcuna». il lunedì disse di essere pronto. mi ricordo che i primi due giorni pensai che non stavo facendo abbastanza. ma il mercoledì ero totalmente esausta – emotivamente, mentalmente e fisicamente. nel frattempo il padre di kayla e sua madre stavano tentando di portarmi via la mia bambina. secondo le raccomandazioni degli psicologi, kayla era matura a sufficienza per scegliere se stare a casa con noi durante questo periodo oppure no. dal loro punto di vista, nonostante fosse tutto fuori controllo nella sua vita, kayla avrebbe comunque dovuto prendere le proprie decisioni autonomamente. suo padre non era d'accordo con questa visione.

accettai di farlo parlare con kayla, così che non sembrasse che fossi io a volerla spingere in una certa direzione. apparentemente voleva darle delle opzioni – se stare con noi, con lui e la sua compagna, da sua nonna materna o da sua nonna paterna. la conversazione avvenne di domenica e mi telefonò dicendomi che sarebbe stata da lui. risposi che andava bene. tuttavia, quando andai a prenderla a scuola il lunedì per pranzare assieme, mi chiese perché non le era stato permesso di tornare a casa con me. le dissi che poteva stare dove voleva e che suo padre avrebbe dovuto metterlo in chiaro. mi riferì che le era stato spiegato tutto dettagliatamente, ma che quando disse a suo padre che voleva tornare a casa, lui le aveva detto di no, che sarebbe dovuta rimanere da lui. e così le promisi che sarei tornata a riprenderla e che sarebbe venuta a casa con me. aveva già avuto abbastanza stress nella sua breve vita di ottenne.

li chiamai per fargli sapere che kayla voleva stare con noi a casa sua e che si era impuntata. dovetti giocare d'anticipo perché minacciarono di arrivare prima di me a scuola. non potevo credere a una cosa simile, mentre mio marito era sul letto di morte dovevo affrontare il rischio che mia figlia mi venisse sottratta. sua madre si presentò a casa mia e mi mise a disagio. non mi ero mai sentita così allibita e così stordita allo stesso tempo. le chiesi di andarsene e di non aggiungere altre preoccupazioni. il martedì mi feci fare un massaggio, la migliore terapia dal momento in cui mi fu detto che miguel non avrebbe passato l'inverno. il fratello di miguel era venuto dal texas per trascorrere un po' di tempo con lui, e quindi mi concessi questa piccola pausa.

ma quando il fratello partì mercoledì, miguel iniziò a peggiorare gravemente. giovedì non riuscì nemmeno a mettere i piedi fuori dal letto. mi consigliarono di prendere un letto ospedaliero. il giorno dopo, non solo mi consegnarono il letto, ma tutto un intero equipaggiamento che uno della nostra età non si sarebbe mai aspettato di vedere a casa propria. miguel aveva voglia di gelato quella sera e, dato che mia madre era sempre iper premurosa, ci portò cinque gusti; ma dopo cinque morsi miguel era pieno. quella fu "l'ultima cena" di miguel. a partire da sabato chiese solo acqua e coca cola. le infermiere della casa di cura venivano tutti i giorni per controllarlo e darmi indicazioni. lungo tutta questa battaglia di 17 mesi, volevo essere a conoscenza di ogni dettaglio mentre lui ha sempre voluto restare all'oscuro di tutto. la mente sopra la materia per lui, sempre.

transizione

arrivati a questo punto, miguel iniziò ad avere allucinazioni costanti. per lo più dovute all'ossicodone. impostava una sveglia ogni quattro minuti per ricordarsi di prenderne una dose extra. mi ricordo che una volta mi chiamò mentre ero nella doccia e mi presentai da lui nuda e gocciolante, si imbarazzò tutto. girò lo sguardo e mi disse sconcertato: «non hai i vestiti». gli dissi che era ok perché ero sua moglie. mi chiese: «davvero? ti amo?», e io gli risposi: «sì, sono tua moglie e mi ami». ho letto che possono verificarsi episodi di questo tipo alla fine per cui, per quanto mi addolorasse, capivo. arrivai a comprendere che anche se avevamo condiviso molte esperienze di amore appassionato durante i sei anni insieme, la nostra intimità raggiunse l'apice quando iniziai a fargli il bagno perché non ce la faceva da solo.

assunsi molteplici ruoli durante questo periodo – moglie, madre, badante, infermiera. miguel mi diceva sempre che sono stata la più gentile. mi riteneva l'infermiera più dolce e gentile che si fosse presa cura di lui. all'occasione dovevo ricordagli che ero sua moglie, ma ero comunque contenta che provasse quel tipo di riconoscimento. quella settimana l'altro fratello e sua madre arrivarono dall'honduras. ero così contenta che lui e sua madre si fossero rappacificati. miguel non desiderava altro alla fine dei suoi giorni che andarsene in pace. era sempre stato un uomo complicato ed ero così grata che finalmente le mie preghiere si fossero avverate e il suo cuore si fosse addolcito, sebbene attraverso questo processo. non esattamente quello che mi aspettavo, ma ritengo che sia stata l'unica cosa al mondo in grado di cambiare il suo cuore.

questa trasformazione del corpo e dell'anima ha assunto in parte la forma di un viaggio mentale. dicono che al termine della propria vita molte persone facciano esperienza di una nuova dimensione. miguel pensava di essere un soldato in guerra, su un letto di ospedale, e si chiedeva quando gli avrebbero tolto tutti i tubi che aveva addosso e sarebbe potuto andare via. diceva che sarebbero arrivati i ribelli e che quando mi avrebbe dato l'ordine di prendere i suoi stivali e la sua fiaschetta d'acqua vicino alla porta saremmo dovuti partire in un battibaleno. mi diceva anche che il suo burrocacao era un bene superfluo e di non volerlo più. abbiamo anche visto l'intera collezione dei *soprano*˙ nei suoi ultimi giorni; quando si svegliava nel cuore della notte intrattenendo monologhi in spagnolo per quattro ore non mi restava che sorridere. c'era questa sorta di comicità che ha alleggerito indubbiamente l'umore durante questo periodo difficile.

uno dei momenti più divertenti, a malincuore, è stato il giorno in cui a miguel è stata somministrata la morfina. l'infermiera della casa di cura disse che probabilmente sarebbe entrato in uno stato di incoscienza nell'arco di trenta minuti. beh, dopo la dose, miguel non chiuse mai il becco. e chiacchierone sarebbe l'ultima parola che userei per descrivere mio marito, dato che era un uomo di poche, pochissime parole. era una persona ironica, questo glielo concedo. suggerì persino che sua madre avrebbe dovuto provarla. dopo la sua dose di morfina, dissi a miguel che un mio amico avrebbe portato da mangiare. mi chiese che cosa e gli risposi che avrebbe portato una specie di piatto gourmet di noodles e pollo. mi disse: «oh mio dio, non penso potrò aspettare fino all'ora di cena». ed erano quattro giorni che non toccava cibo.

˙ nota serie tv americana. (N.d.T.)

ero sorpresa: «ah quindi ne vuoi un po'?», e lui: «uhm, certo. non mangio da giorni!». comunque, mi misi a riscaldare gli ziti che un amico aveva portato qualche giorno prima e gli portai un piatto. «che cos'è?», mi fece. pensava che mi sarei trasformata in un tubo di alimentazione. gli ho spiegato che non avevo quella capacità e che se ne voleva un po' li avrebbe dovuti masticare. accettò e fece un morso. li rosicchiò per un po' e dopo aver mangiato un intero boccone era esausto e mi disse che era pieno. insomma, è stato divertente.

dopo un paio d'ore iniziai a preoccuparmi. chiamai l'infermiera e le chiesi se avevo sbagliato il dosaggio. non fraintendetemi, è stato meraviglioso vedere miguel pieno di entusiasmo, ma mi sembrava che non avesse mai parlato così tanto in tutta la sua vita. e dato che parlava in spagnolo non capivo niente di quello che blaterava. ma stavamo comunicando ed è stato stupendo. quest'opportunità non viene concessa a tutti. di aprirsi, di fare domande, di condividere, di amare e di esprimerlo a parole. sapendo che la tua metà sta per lasciarti per sempre. ero estremamente grata per questi momenti e per aver saputo gestire le fasi finali esattamente come voleva lui. non capita a tutti questa fortuna. è stato prezioso.

il giorno dopo era ancora loquace e passammo degli altri momenti piacevoli. dicono che ci sia un'ultima scintilla di energia prima di morire. eccola. avevo portato kayla da un'amica per non farla stare a casa da sola il weekend. miguel mi disse che non avrebbe passato il fine settimana. perciò quella notte kayla lesse la sua lettera a miguel e si dissero addio. un altro momento speciale. dormimmo profondamente quella notte, ma la seguente non sarebbe stata così serena. miguel faceva fatica a rilassarsi il giorno dopo. era rimasto sul letto per una settimana e così imparammo a muoverlo spostando le lenzuola, assicurandoci sempre che avesse tutti i cuscini per sentirsi comodo. il livello di morfina si stava abbassando e quando l'infermiera tornò quel pomeriggio ci disse di andare in farmacia per una ricarica. suo fratello uscì a prenderne un po'. è stato rapido come non mai. miguel stava veramente male. l'infermiera pensava che sarebbe arrivata la fine. avevamo pochi minuti per dirci addio. i suoi polmoni si stavano riempiendo di liquido e sentiva una forte compressione quando cercavamo disperatamente di dargli conforto.

era molto tranquillo verso la fine, quasi meccanico. perse coscienza, i suoi occhi si serrarono e mentre gli tenevo la mano sentivo il calore del suo corpo disperdersi. il suo respiro iniziò a rallentare mentre il suo petto si muoveva. era come se la sua anima venisse estratta dal suo corpo lentamente a ogni respiro. fino a che non uscì più aria. era morto. una lacrima mi cadde sul volto nell'istante in cui se ne andò. ero sollevata. non soffriva più.

dopo che sua madre e suo fratello passarono qualche minuto con lui da soli, aiutai l'infermiera a preparare il corpo per la cremazione. mi disse che in trent'anni che lo faceva era la prima volta che qualcuno si era fermato ad aiutarla. sapevo solo che miguel sarebbe "morto" dal fastidio per essere in quelle condizioni e avevo bisogno di porre rimedio immediatamente. avevamo già pattuito che venisse cremato in una delle sue magliette bianche con dei boxer, quindi glieli misi addosso. il carro funebre arrivò nel giro di mezz'ora e lo portarono via. mi allontanai per una camminata da sola nel quartiere per metabolizzare i fatti. mio marito era appena morto. ero vedova a trent'anni.

alla fine mi decisi ad andare a casa dopo aver vagabondato senza meta. mi sedetti sul divano con mia madre, sua madre e suo fratello. non c'era nulla da dire. c'era qualcosa che però volevo dire al resto del mondo. ho mandato molte mail ai miei amici e agli amici di miguel per informarli. e sapevo da quasi un anno che prima o poi avrei dovuto mandare la fatidica mail della sua scomparsa. piansi tutta la notte. l'indomani mattina iniziai a riunire tutti i suoi vestiti per darli alla sua famiglia. non riuscivo a guardare le sue cose. dovevano sparire. il suo portafoglio, i suoi orologi, le sue scarpe, le sue giacche, tutto. non volevo dimenticarlo ovviamente, ma era una sorta di purificazione per me. era il mio modo di voltare pagina.

molte persone mi hanno detto che sono stata forte durante tutto il tempo. ho sempre risposto che ho pregato molto. ho letto molto online e consultato tutti i suoi medici. la conoscenza di ciò che stava vivendo mi ha aiutato a metabolizzare il processo. credo che l'elaborazione degli eventi ne abbia in qualche modo attenuato la gravità. parlo di morte quotidianamente adesso poiché ho avuto il tempo di prepararmi, di accettarla e di affrontarla. non era inattesa, non è accaduto tutto all'improvviso. è normale, ogni tanto crollo, è successo due giorni fa, tuttavia il mio dolore è nato in seno alla sua battaglia. quando è morto ero pronta a gettarmi alle spalle il doloroso ricordo di tutto quel tempo.

quelle due settimane sono state le settimane più difficili della mia vita, ma anche le più preziose. era la mia prima esperienza con la morte. ho raccontato a tutti che ha sofferto per 17 mesi, che ha combattuto la sua battaglia contro la malattia e che quando è morto è stato un sollievo. ognuno affronta la morte in modi diversi e non penso che ci sia un modo giusto o sbagliato. dopo aver passato al setaccio le sue cose, sono uscita di casa per la prima volta dopo quattro giorni. mi sono diretta al centro commerciale per cercare un vestito nero da mettere al funerale, ma mi sentivo uno zombie al rallentatore che camminava tra stormi di gente che mi volavano accanto. andai ovviamente da banana republic e mi abbandonai tra le braccia di un mio ex collega. non avendo trovato un semplice vestito nero me ne andai sconsolata alla *rancherita*, un posto che eravamo soliti frequentare; pranzai nel dehors da sola e scoppiai in lacrime di nuovo.

dopo aver finito il mio pranzo e il mio pianto, andai nella camera mortuaria a prendere le sue ceneri. non ero riuscita a recuperare un contenitore che rispecchiasse la sua personalità e quindi le versarono semplicemente in cinque scatole separate, così che tutti i suoi fratelli e sua madre potessero avere un pezzetto di lui. è stato destabilizzante vedere le urne per i bambini e per gli animali. è interessante quando affronti qualcosa, qualsiasi cosa, conoscere varie prospettive. ancora oggi conservo le sue ceneri in un portasigari, che considero perfetto come suo luogo di riposo eterno. e dato che miguel era un grande fumatore di sigari, la settimana dopo la sua morte invitai i suoi amici fumatori a casa per scegliere un sigaro ciascuno e fumarlo in suo onore. in compagnia di un sigaro e di un bicchiere di scotch raccontammo delle storie su miguel.

nel viaggio verso casa il mio umore era decisamente migliorato. almeno finché non aprii la porta di casa. dalla soglia vidi varie piante e mazzi di fiori. tutto il ripiano della cucina strabordava di cibo e il mio frigo stava eruttando teglie. persi la testa. sapevo che le persone a me vicine cercavano di manifestare affetto e supporto mandando doni, ma per me era solo un ricordo doloroso di tutto ciò che era ormai passato. mi sentii dispiaciuta ma trovai il coraggio di dire che non volevo quella roba attorno. la sua famiglia uscì e mi lasciò sbollire la mia rabbia da sola.

contattai subito la mia migliore amica e le chiesi di mandare una mail a tutti dicendo di non mandare più regali. le venne in mente di chiedere di fare una donazione all'associazione contro le leucemie e i linfomi, al posto dei fiori e del cibo. in due settimane avevamo raccolto oltre 5.000 dollari, e creammo un gruppo per la marcia a favore di "light the night", un finanziatore dell'associazione, che rende onore ai combattenti, ai sopravvissuti e a tutti coloro che abbiamo perso a causa del cancro al midollo. questa tradizione continua.

un nuovo giorno

miguel morì di venerdì, sabato ci fu tutto quel trambusto e domenica tenemmo una cerimonia in casa. kayla sarebbe dovuta venire a casa un'ora o due prima dell'inizio della cerimonia. quando tornò vide purtroppo tutta la marmaglia che c'era al mio arrivo – fiori, piante, ecc. e anche la porta della camera aperta, che era stata chiusa durante tutte quelle settimane. mi sentii dispiaciuta per averla condotta nella stessa trappola in cui ero incappata il giorno prima. ma lo sapeva. andammo nella sua cameretta e piangemmo e parlammo di tutto. ci vestimmo di nero e scendemmo in salotto.

amici e familiari si riunirono e iniziammo a condividere racconti su miguel. sua sorella condivise i suoi, di lacrime e gioia, via skype dalla francia. i suoi fratelli raccontarono di come il loro fratellone avesse avuto una grande influenza sulle loro vite, facendoci ridere e piangere. finii io condividendo la storia del nostro primo incontro e di come la sua morte sia stata solo parte della sua vita. esortai le persone a gettare uno sguardo sulle loro vite – cosa stavano facendo, dove stavano andando, come stavano vivendo e che cosa avrebbero avuto intenzione di fare. penso che la morte abbia il pregio di ricordarci di vivere appieno e di quanto sia importante vivere ogni giorno come se fosse l'ultimo.

dopo che andarono via tutti, kayla mi chiese se poteva tenere qualcosa di miguel come ricordo. andammo nel suo armadio e scelse una pipa, uno dei suoi accendini, il suo coltello da tasca, un fazzoletto di tela, una torcia, un'agenda, il suo blackberry, e altri gadgets. a suo padre venne un colpo quando rovistò nel suo zaino e scoprì che aveva portato a scuola tutta quella roba. ops...a ogni modo, è stato interessante vedere quali oggetti avrebbe scelto per conservare il ricordo di miguel. certo, non le classiche cose che una di otto anni dovrebbe avere, ma non pensavo affatto che le avrebbe usate, erano solo ricordi di momenti che lei aveva vissuto con miguel.

dopo qualche giorno, accompagnai sua madre e suo fratello all'aeroporto. ci fermammo a mangiare in uno dei suoi locali preferiti, *pho 9n9*. dopo avere divorato le nostre zuppe, salimmo nella sua macchina, uno dei suoi vanti e delle sue gioie. si accese la spia delle gomme. pensai fosse miguel, ci stava mandando un messaggio per dirci che avevamo mangiato talmente tanto da sgonfiare le gomme. dopo averli accompagnati all'aeroporto, si accese la spia dell'olio. davvero miguel? ho la tendenza a rompere gli oggetti ed era divertente che ora in mano mia mi stesse dando dei problemi. a ogni modo, finii col vendere la mia per pagare la sua e da allora l'ho tutta graffiata e ammaccata per la mia noncuranza. si sarebbe rivoltato nella tomba se non fosse stato cremato. ogni volta che qualcosa colpiva la macchina sussultavo e mi scusavo con lui. era l'uomo che parcheggiava a chilometri di distanza pur di non farsela urtare. scusa miguel...

i giorni passavano e dopo aver fatto tutte le telefonate del caso per cancellare ogni cosa a suo nome, ripetendo fino allo sfinimento la frase "mio marito è deceduto, per questo voglio cancellare...", finalmente mi sembrava di respirare e di poter voltare pagina. tornai al lavoro alla fine di ottobre, quando iniziavano le vacanze. il mio capò si licenziò il venerdì prima del *black friday*, un peccato mortale, e questa era la settima volta che rimanevo senza uno store manager. tutti mi dicevano che non ce l'avrei mai fatta ad amministrare entrambi i reparti per la massa di lavoro e per il fatto che non avevo mai gestito un negozio, ma quando si presentò l'opportunità in gennaio la colsi. era la giusta squadra di lavoro e il tempo era propizio. invece di ricevere una chiamata per una seconda intervista, mi telefonarono per dirmi che il posto l'avevano dato a un altro. non potevo crederci.

chiamai il mio migliore amico lungo la strada di casa e mi disse qualcosa che mi fece pensare a un'idea che avevo avuto un decennio prima, cioè aprire una mia boutique. al tempo avevo pensato che fosse troppo rischioso, non avevo soldi. e anche se continuavo a non avere soldi nemmeno allora e fosse rischioso, tutto quello che avevo passato mi aveva fatto capire che la vita è troppo breve. adoravo ciò che facevo, ma non potevo farlo più lì. sono sempre stata una ragazza "carpe diem", ho fatto latino per sei anni, ma non ero mai stata così decisa.

il giorno seguente andammo a charlotte a trovare degli amici. l'amica da cui stavamo era titolare di un salone di bellezza e così le feci delle domande sull'imprenditoria. faceva una festa per genitori con figli e arrivarono i vicini di casa che conosceva da appena due settimane. parlai della mia situazione lavorativa e guarda caso il suo vicino era un agente immobiliare commerciale a raleigh, che mi chiese se volessi delle informazioni su brier creek, cameron village, north hills. coincidenza? non penso...

tornai al lavoro martedì e mi confidai con una collega che lavorava part time da banana republic ma aveva la sua boutique. mi disse che stava per chiudere il negozio e che voleva vendere i tessuti il venerdì che sarebbe venuto, me li voleva dare per meno della metà del loro valore. wow. venerdì esaminai la merce e le dissi decisa: «li prendo tutti».

una notte mentre stavo disegnando il mio biglietto da visita, mi venne in mente "the art of style". questo sarebbe stato il nome della mia attività. un altro dono dal cielo. ho sempre visto l'abbigliamento come un modo per esprimere sé stessi e ho sempre desiderato aiutare le persone a trovare sé stesse. quindi alla fine "trova te stesso" divenne il mio logo. ovviamente con tutti i significati nascosti. ero così eccitata per questa nuova avventura che durante la mia festa del dopo vacanze mostrai a dei miei amici il disegno del mio biglietto da visita e annunciai loro la notizia che avrei lasciato banana republic e avrei aperto la mia boutique.

in gennaio venni contattata dall'associazione contro le leucemie e
i linfomi per raccogliere dei fondi. mi parlarono di un premio come
donna e uomo dell'anno e gli risposi che ovviamente ero disposta a
raccogliere denaro di nuovo. ma loro mi dissero che volevano nominare
me per la candidatura. non me lo sarei mai aspettato. si trattava di una
competizione tra uomini e donne, chi raccoglieva più denaro nell'arco di
dieci settimane vinceva il titolo di uomo o donna dell'anno. perciò, con
questo nuovo impegno e un rinnovato desiderio di uscire dall'azienda
scrissi il mio business plan in due mesi, prima di iniziare la campagna.

feci un sacco di ricerca, ebbi molte consulenze, intervistai proprietari
di piccole attività di successo e non e scrissi a più non posso. era
tutto basato sulla mia esperienza da banana republic. il mio scopo,
i miei valori, i miei atteggiamenti, gli obiettivi di mercato, la filosofia
erano molto da gap.inc, ma con un'infusione di kendra. è stato difficile
iniziare, ma quando mi sono messa a scrivere è uscito tutto di getto.
prima ancora di rendermene conto, ero già andata all'ufficio del
segretario di stato per registrare la mia attività. è capitato il giorno del
mio undicesimo anniversario da banana republic. un mese dopo, avevo
già finito il mio business plan ed ero pronta a dedicarmi alla campagna.

per dieci settimane ho lavorato per raccogliere più soldi che potevo.
ho accomodato una sala per i sigari, in onore di miguel, un assaggio di
birre di birrifici locali e un concertino con musicisti (amici), ho contattato
un barista famoso per un altro evento in un locale lounge. mentre stavo
organizzando l'evento non percepivo ancora la portata che avrebbe
avuto nella mia vita. ero in ritardo, cosa normale per me, ma di tre
ore rispetto al programma, quindi non così normale. ero all'angolo
della strada quando ricevetti una chiamata dal mio amico che aveva
stuzzicato i miei ricordi di quando volevo aprire la mia attività. aveva
appena visto *wicked* al cinema e mi stava raccontando di quanto fosse
fantastico. era un orario insolito perché a quell'ora è a letto a fare il suo
riposino di bellezza, come lo chiama lui, quindi gli proposi di prendere
un drink.

andammo avanti e indietro per scegliere dove andare, ma alla fine
mi suggerì di tornare ai miei impegni e di vederci dopo. quindi tornai

sul posto per ultimare l'organizzazione del mio evento. al mio arrivo, incrociai un signore che era cliente di banana republic ma non lo vedevo da tipo cinque anni e si era fatto crescere i capelli. beh, dopo la morte di miguel anche io sentii l'esigenza di dare una bella tagliata ai miei. quindi quando esclamai «hey, ti conosco! ti sei fatto crescere i capelli!» e lui mi fece «e tu ti sei tagliata i tuoi!» era solo l'inizio di una conversazione che sarebbe durata ore. chi se lo aspettava che un commento sui capelli portasse a tanto...

conversazione leggera

si era separato di recente ed era demoralizzante per lui affrontare
una discussione sui suoi 18 anni di matrimonio. gli veniva lo sconforto
solo a pensare di dover tornare a corteggiare qualcuno. gli dissi di
non pensarci minimamente e di non preoccuparsi di quelle assurdità.
le cose si sarebbero presentate da sole e sarebbero accadute
naturalmente e non avrebbe dovuto forzarle. beh, gli diedi il mio
numero nel caso volesse fare due chiacchiere e il giorno dopo fece una
donazione ed esortò i suoi amici a fare altrettanto. quella settimana
ci fu il numero più alto di donazioni online e riuscii a portare dieci
miei amici al *fleming* per la festa di metà campagna. dato che aveva
contribuito al mio successo, gli chiesi se voleva andarci. accettò, e
durante la cena era come se i miei altri nove amici non esistessero.
parlammo tutto il tempo.

decidemmo di uscire tutti assieme. lui aveva preso un taxi per arrivare
fin là, quindi salì in macchina con noi e andammo a bere in un locale
del centro. evidentemente doveva aver creduto che fossi interessata a
qualcun altro del gruppo dal momento che se ne andò con un amico.
più tardi ricevetti un sms, ma non sapevo fosse lui. mi invitava fuori
a pranzo. non pensavo avesse una macchina dato che aveva preso il

taxi la volta precedente, e così mi offrii per raggiungerlo in macchina. facemmo una passeggiata in centro e pranzammo in un posticino che conosco. un altro piacevole incontro, ma pensai soltanto che avevamo avuto una bella conversazione, di certo non cercavo nient'altro. però poi iniziammo a messaggiare di più e a flirtare.

andai a new york per una fiera, ma pensavo a lui, gli scrivevo costantemente. quando tornai, organizzai un altro evento a cui partecipò, e alla fine dell'evento lui mi baciò. e per coloro che non lo sanno, il bacio è l'elemento fondamentale per creare della chimica con il vostro partner, e va da sé che eravamo compatibilissimi. riprese l'aereo di ritorno il giorno dopo e mi disse che voleva tanto tornare da me per vedermi. e alla fine arrivò la sfilata estiva di beneficenza.

eccoci al grande evento. si presentarono oltre 500 persone al *renaissance hotel* e tenemmo uno splendido buffet con cibo, vino e aste. dopo la prima asta, il nostro banditore d'asta richiamò tutti a un gesto di speranza. chiese ai presenti di fare un gesto spontaneo dal profondo del cuore. forse non avrebbero vinto qualcosa di speciale dall'asta o forse non gli sarebbe piaciuto nulla, ma erano tutti volenterosi di contribuire. quindi in supporto a me e al mio sforzo di raccogliere denaro per l'associazione contro le leucemie e i linfomi, pose la base d'asta a 1.000 dollari. ci fu un silenzio tombale. il mio neofidanzato, che ovviamente era rimasto nascosto data la natura della mia operazione in onore di mio marito, fece la sua prima offerta. mi cadde la mandibola. rilanciò di altri 500 dollari e molti donarono. poi 250 dollari. poi altri 100. a questo punto ero in bagno incredula della generosità del pubblico.

qualcuno voleva che io facessi un discorso al pubblico dopo l'asta, quindi uscii allo scoperto e ringraziai tutti per il loro sostengo. demmo il via alla seconda parte dello show e finimmo con la canzone *empire state of mind*, cosa che mi fece sorridere visto che i miei amici mi chiamano carrie bradshaw.* ci fu una standing ovation e il mio cuore si sciolse.

---

* protagonista del film *Sex and the city.* (N.d.T.)

ero così colpita e incredula che avessimo raccolto 15.000 dollari. quella cifra sarebbe stata devoluta alla mia campagna di donna dell'anno. e quattro settimane dopo, la campagna era arrivata alla fine. per dieci settimane avevo parlato a chiunque, conosciuto e sconosciuto, dell'importanza di donare.

alla finale di uomo e donna dell'anno è stato proiettato il video dell'intervista che tutti i candidati avevano rilasciato a metà della festa. beh, mi pareva di essere un'idiota piagnucolante perché non c'ero. ah no, c'ero. era interessante. avevo raccontato la storia di miguel un milione di volte. parlarne era la mia terapia. ma non avevo ancora sentito la mia storia raccontata. uno scenario totalmente diverso. davvero un'esperienza di estraniazione, o forse è solo la sensazione che si prova a vedere sé stessi in un video. insomma, impazzii. mi commossi sentendo il racconto di quello che avevo passato. so che può sembrare strano, ma non so descriverlo diversamente.

dopo il video, erano pronti ad annunciare i vincitori. gli altri concorrenti erano dottori, avvocati, manager di aziende, non pensavo assolutamente di poter vincere. infatti la maggior parte dei miei eventi era stata un fiasco, eccetto la sfilata di moda, che è stata un successo incredibile. neanche il tempo di asciugarmi le lacrime e annunciarono che avevo raccolto oltre 30.000 dollari e avevo vinto la gara. ero incredula, e mi chiedevo come io, una manager di banana republic, avessi potuto vincere la campagna. vi starete chiedendo: «e adesso?».

beh, confidai i miei sogni a delle persone fidate e lavorai sodo per trovare uno spazio e dei venditori. non avevo ancora venduto la mia casa (non potevo permettermela economicamente, ma non volevo nemmeno stare lì per via del passato). un mese dopo la fine della campagna vendetti la casa. avevo trovato un posto poco dopo aver scoperto che miguel non avrebbe superato l'inverno, ma l'avevo perso poiché non avevo ancora venduto la casa. bene, proprio quella casa, l'unica disponibile nel quartiere che volevo, era ancora sul mercato tre mesi dopo. no, non una coincidenza. quindi comprai questa benedetta casa, sarei dovuta andare in banca il giorno dopo per ottenere il prestito per il negozio, ma non lo feci perché sono una maniaca dell'organizzazione e dovevo per forza disfare ogni scatola, e quel venerdì andai al lavoro per dare le dimissioni. la migliore decisione mai presa.

è stato particolarmente divertente. mi presentai quel giorno leggera come una piuma. pazza, perché non avevo ancora assicurato il prestito, stavo facendo un balzo alla cieca sapendo però di fare la cosa giusta. era il giorno delle interviste. adoro quei giorni al lavoro. feci 16 interviste, una dopo l'altra e mentre mi stavo ingollando un sandwich il mio capo mi chiese dove fosse una cosa. risposi qui o di là, chissà. poi mi disse: «beh, almeno puoi rispondere a questa domanda, perché abbiamo ordinato un secondo microonde?». e poi pausa.

due settimane prima, stavo facendo degli ordini per il negozio. a qualcuno venne in mente un sistema con delle immagini, un'idea brillante poiché ordinare merce per il negozio era un casino. beh, quando ero stata trasferìta In quel reparto l'anno prima, lo staff non aveva un microonde. assurdo. così ne portai uno da casa che non stavo usando. perciò quando ordinai il microonde assieme alla merce, sapevo che avrei dato le dimissioni. insomma la merce arrivò di venerdì anziché di lunedì, quindi quando lui mi fece quella domanda, gli misi in mano la lettera di dimissioni. dopo averla letta mi guardò ed esclamò: «te ne vai?». «sì», gli risposi, «apro una boutique tutta mia». e poi mi disse: «cosa c'entra con il microonde?». «oh, è mio e lo porto via con me quando me ne vado», gli feci. fantastico.

carpe diem

insomma, il primo agosto 2010 ero ufficialmente un'imprenditrice. il locale che avevo trovato inizialmente non era più disponibile quando andai a milano per comprare della merce. ebbi un momento di imprecazione e poi il mio fidanzato mi esortò a provare dall'altro lato della strada. cercavo la soluzione casa-lavoro e il posto iniziale comportava una breve camminata da casa mia. l'altro lato della strada voleva dire un chilometro di distanza e un incrocio insulso, pensai che l'unico posto ideale fosse tra starbucks e il blu salon e quel posto non esiste. beh, indovinate un po'. esisteva. ed erano 1200 mq. ed era disponibile. fan.ta.sti.co.

ebbi le chiavi in due settimane. era l'ufficio di un vecchio chiropratico, con piastrelle blu e verdi, una moquette blu e delle pareti verde spuma di mare. diedi le chiavi all'impresa edile venerdì mattina e lasciai la città. quando tornai alle 15 il lunedì avevano già smantellato tutto, avevano tolto i due uffici, allestito due camerini, e stavano dando la seconda mano di pittura. quindi portai le 40 scatole di vestiti da casa mia al negozio e cominciai a tirare fuori tutto. figo.

molti dipendenti di banana republic mi aiutarono. avevo scoperto che dopo tre settimane dal mio licenziamento altre 28 persone avevano mollato. tempi bui. c'era un clima tossico a banana republic. ero anche venuta a sapere che il mercoledì prima della mia grande apertura, che si sarebbe tenuta venerdì, il tizio che aveva ottenuto la promozione che volevo venne licenziato. ma va bene così, altrimenti non avrei mai fatto quello che stavo per fare.

grazie banana republic per tutto ciò che mi hai insegnato. grazie ai leader che mi hanno guidata e ai colleghi che ho intervistato, assunto e formato e per tutto ciò che di utile ho imparato in 11 anni e mezzo. sarò eternamente grata per tutto ciò che ho appreso in un decennio in cui ho sgobbato davvero, ma sono contenta di non essere più lì. l'unica cosa che mi manca sono le persone. e gli abbracci. mi abbracciavano circa 50 volte al giorno i clienti.

ce la metto tutta per raggiungere quel numero ora. adoro ciò che faccio. amo le persone, sono fissata con i vestiti e mi piace viaggiare. non ricordo se l'ho già accennato. adoro il fatto che ogni giorno sia diverso ed è eccitante incontrare nuove persone fantastiche che visitano il negozio. e molte di loro sono diventate amiche. e a chi non piacerebbe ordinare della merce per il proprio negozio e tenersi qualcosa per sé? è arrivata l'ora di sbarazzarmi dei miei trenta completi di banana republic…

ho aperto il mio negozio il 2 novembre 2010. stavo malissimo, avevo la febbre e avevo preso una multa per eccesso di velocità dato che stavo correndo come una matta la sera prima per andare al supermercato a comprare le vivande per l'inaugurazione. che sfortunatamente aveva chiuso mentre il poliziotto mi stava multando. quindi mi sono dovuta svegliare molto presto per andare al negozio sotto una pioggia gelata con la febbre. uff. come non odiare quei giorni? ma verso la fine della giornata ne era valsa la pena. avevo calcolato che si sarebbero presentate cento persone per la grande apertura, e grazie al cielo aggiungerei, dato che il mio balzo nel vuoto aveva ridotto di molto il mio conto in banca. in ogni caso il primo giorno mi diede la conferma che tutto sarebbe andato bene.

e andò bene. e fu dura. essere un piccolo imprenditore è stata una sfida. è una sfida. e pensavo che mi sarei annoiata. ero solita vedere un centinaio di persone all'ora da banana republic. ora vedo poche persone in un giorno. ma di sicuro non mi sono mai annoiata. c'erano così tante cose eccitanti da fare, da creare e pianificare. sono stata una visual merchandiser da banana republic per i miei primi cinque anni. quindi ho imparato come rendere gli oggetti visivamente stimolanti. la gente ne è attratta e manipolata. ho imparato a creare esperienze coinvolgenti con i tessuti, i colori, la stratificazione, sviluppando allestimenti e architettando presentazioni che attirano l'attenzione. il retail è il bilanciamento tra la parte commerciale e l'esperienza del cliente. e questo è quello che conta di più per me. che ogni cliente che entra nel mio negozio abbia un'esperienza fantastica. che tutti i suoi sensi siano deliziati – il tatto, la vista, l'udito, l'olfatto, tutto è rilevante.

tutti i clienti che entravano per la prima volta nel mio negozio commentavano il piacevole sentore di vaniglia, mi facevano i complimenti per la musica alternativa, ma non troppo di nicchia, il volume bilanciato di modo che tutti potessero goderne e riuscire ad avere una conversazione allo stesso tempo. la gente ha sempre detto di trovarsi a proprio agio nel mio negozio. è un ambiente molto accogliente, le luci, le suppellettili. ho avuto molte discussioni e molti pianti con i miei clienti nella mia "sedia dell'amore". il modo in cui i vestiti sono collocati è pulito e diretto, di facile accesso, non è mai soffocante. lo descrivo come un approccio alla vita, che è come intendo lo stile e il vestiario. l'età dei miei clienti va dai 17 ai 70 anni. il mio stile è molto pulito, classico ma moderno, sofisticato, sexy e grintoso. la mia personalità è sfaccettata e il mio negozio la riflette…

la seconda metà della mia carriera da banana republic era tutta incentrata sull'esperienza del cliente esterno. ora facevo tutto ciò riguardasse sia il cliente esterno che interno. quindi ero in paradiso. fare tutto io. i primi due mesi sono andati alla grande. il mio commercialista era sorpreso di quanto stessi andando bene. ero nuova nel quartiere e c'erano le vacanze di natale, ma, sul serio, c'era un campo gravitazionale attorno al mio negozio. la vicinanza a starbucks mi avrà riempita di lavoro penserete, ma no, nessuno sapeva che esistevo.

forse era per questo che avevo un sacco di clienti stranieri e provenienti da città più grandi, che in genere vogliono scoprire cose nuove, mentre la gente del posto ha la solita routine. continuo a scherzare ancora con quelli di starbucks sulla proposta di buttare giù il muro che ci divide e iniziare un franchising...

quindi in gennaio incontrai il mio commercialista e mi disse che i numeri non mentono, la gente fa mentire i numeri. inteso. sono un'ottimista di natura. il mio bicchiere è sempre non mezzo pieno ma strabordante e vedo il mondo attraverso le mie lenti rosate. vedrò sempre il meglio in ognuno e in ogni situazione. non perché ignori il male nel mondo, scelgo semplicemente di vedere il buono. ma siccome vivo nel mio mondo di fantasia, ho bisogno di una persona realista che si occupi della mia contabilità e delle mie finanze. a proposito di mondi fantastici, all'epoca avevo la figlia migliore del mondo e avevo una relazione con un uomo affascinante, sia fuori che dentro. non ero mai stata così felice.

fa' che accada

i mesi passavano, l'attività viaggiava. tranne nei mesi di gennaio, giugno e luglio. dovete tutti impegnarvi di più a fare shopping in quei mesi. dato che avevo assunto il mio commercialista a gennaio, eravamo indietro. dovette rivedere le mie tasse precedenti. o almeno avrebbe dovuto. in giugno dovevamo passare in rassegna tutti i documenti per la prima volta e attendevo questo incontro con ansia. sono sempre andata alla cieca per tutto il tempo. non sapevo ancora se quell'atto di fede sarebbe diventato un balzo nel vuoto…

il mio commercialista mi chiamò per spostare l'appuntamento perché aveva un intervento chirurgico non previsto a causa di una ferita che si era fatto giocando a calcio. ma dopo due settimane non avevo ancora avuto notizie e così mi feci sentire e lasciai un messaggio. passò un'altra settimana e ne lasciai un altro. la terza settimana ricevetti una lettera dal fisco e quindi ne lasciai un altro ancora. il signore che rispose al telefono mi fece: «oh, forse non l'hai saputo, ma è morto». ebbe un aneurisma cerebrale pochi giorni dopo che parlammo. ovviamente tutto perde importanza quando senti una notizia del genere, quindi i miei problemi divennero insignificanti.

ma dopo che erano trascorsi altri tre mesi, era quasi agosto e io non avevo ancora avuto il quadro della situazione. quindi chiamai lo studio e mi girarono il numero dell'altro studio che aveva preso in gestione la mia contabilità. sapevo che non sarebbe stata una cosa giusta, ma volevo qualche informazione in più prima di procedere. sono una tipa su di giri e con una forte energia e loro non stavano operando alla mia stessa frequenza e in più odiavano gli alberi (scartoffie dappertutto). comunque, quando non si presentarono al nostro secondo incontro, ero verde dalla rabbia. un po' perché avevo avuto la nausea tutta la notte e la notte precedente e mi ero dovuta alzare presto per il nostro incontro. grr...

a questo punto li pregai semplicemente di mandarmi i file poiché avevo trovato qualcun altro che si potesse occupare della mia contabilità. insomma, non c'era nulla. il 19 ottobre scoprii che la mia contabilità non era stata completata e che il mio 730 non era stato fatto dall'anno in cui miguel era morto. quindi praticamente avevo pagato per servizi non resi. il giorno stesso passai oltre tre ore al telefono con il fisco e con l'agenzia delle entrate del north carolina per scoprire che tutte le tasse sulle vendite erano state fascicolate sotto l'ein˙ sbagliato (ero un'azienda in nevada). pura gioia.

dopo il lavoro quel giorno, tenni un discorso alla mc state university. dopo aver parlato si fecero avanti sette studenti chiedendomi se potevano fare uno stage da me quando avrei aperto il negozio a raleigh. mi sono dimenticata di dirvi che una volta stavo per aprire un bar. quando abitavo a brier creek non c'era vita notturna, quindi tutto il mio vivi-lavora-gioca era scadente sotto la voce "gioca". si sarebbe dovuto chiamare *the lounge*, un wine bar specializzato in cocktail, scotch e whiskey pregiati. ma dopo aver scoperto lo stato della mia contabilità, o meglio della mancanza di contabilità, dissi al mio fidanzato quella sera che mi sarei concentrata su quello conoscevo e avrei aperto un altro negozio. era d'accordo.

˙ L'ein (*employer identification number*) è un codice di identificazione fiscale.

mi svegliai alle 4 del mattino, non riuscivo a dormire perché ero troppo eccitata, e così mi alzai e iniziai a mandare mail ai miei contatti dicendo che stavo affittando a cameron village. l'agente immobiliare che se ne occupava era in vacanza in italia e non sarebbe tornata fino a lunedì. e si sa che quando si è in vacanza, tornare al lavoro è un incubo. volevo essere pedante ma non fastidiosa, ma il tempo era tutto. era quasi la fine di ottobre e se non aprivo il negozio prima delle vacanze, non aveva senso aprirlo.

ma unendo le pressioni al mio fascino, riuscii a convincerla a fissare un appuntamento nel mio negozio quel venerdì. il venerdì successivo avevo già le chiavi. celebrammo il nostro primo anniversario di brier creek e una settimana dopo, l'11.11.11. aprimmo la seconda location a cameron village. e stavo accelerando l'uscita di questo libro per il 12.12.12., perché, come diceva mia figlia, era l'ultima data figa per fare qualcosa di grande. quindi un grazie anche a lei per avermi dato questa grande idea e un po' di spinta per raggiungere il mio obiettivo. curioso anche che novembre è il mese della festa del romanzo. non che sia una grande pubblicazione. bello che abbia scritto la maggior parte in novembre. appena raggiunte le 15.000 parole!

e un'altra coincidenza: poche settimane fa un mio cliente mi ha detto di aver pubblicato un libro con kindle. non potevo crederci. si può autopubblicare?!, beh, allora questo sogno irrealizzabile potrebbe diventare realtà considerato che mi rimangono solo 16 giorni. non avrei mai pensato di scrivere un libro. un anno prima ne parlai con un avvocato del settore. all'epoca ero indaffarata per aprire il mio wine bar. perciò quando discutemmo dei punti salienti della mia storia che avrei condiviso con i suoi colleghi, mi disse: «quindi quando scrivi un libro?», «oh no, non ne scriverò un libro», gli risposi. e aggiunsi: «credo che tu mi abbia confuso con qualcun'altra. non scriverò un libro». al che lui mi disse: «beh dovresti scrivere un libro». quindi potevo scrivere un cavolo di libro. perciò grazie a lei signore per avermi dato questa grande idea di poterne scrivere uno.

quello che dicono sull'avere due locali è vero. una buona idea in teoria, ma non raddoppia i problemi, li quadruplica. quando aprii il primo negozio i miei orari erano dalle 10 alle 18, da martedì a sabato, per mantenere un minimo di qualità di vita. non ho mai pensato di dover sacrificare la mia vita per il lavoro. ovviamente stavo lì fino alle 10 di sera per alcuni clienti o alle 7.30 del mattino ero già operativa a volte, ma volevo comunque del tempo libero per godermi la vita. insomma, quando aprii il negozio a cameron village, volevano che io fossi aperta sette giorni su sette. quindi passai dai cinque giorni ai sette moltiplicati per due. è a questo punto che ho perso la testa.

resistetti per nove mesi, a fatica, ma fui in grado di convincere la mia collega a cameron village a farmi prendere la domenica e il lunedì. faccio ancora il su misura con appuntamento, questo mi consente un po' di meritata pace. faccio consulenza privata e anche questo mi permette un po' di flessibilità.

Printed in the United States
by Baker & Taylor Publisher Services